SYSTÈME

D'IMMATRICULATION GÉNÉRALE

DES PERSONNES, DES IMMEUBLES ET DES TITRES

DE

M J.-B. HÉBERT,

NOTAIRE HONORAIRE, MEMBRE DE PLUSIEURS SOCIÉTÉS SAVANTES, ETC.

EXAMEN CRITIQUE

PAR M. AYMAR-BRESSION,

Secrétaire-général perpétuel de l'Académie nationale, agricole, manufacturière et commerciale, et de la
Société de Statistique universelle.

PARIS

Aux bureaux de l'administration, rue Louis-le-Grand, 31.

—

1851

Extrait du Journal de la Société Française de Statistique universelle.

SYSTÈME

D'IMMATRICULATION GÉNÉRALE

DE

M. J.-B. HÈBERT,

Notaire honoraire, membre de plusieurs sociétés savantes,etc.

EXAMEN CRITIQUE

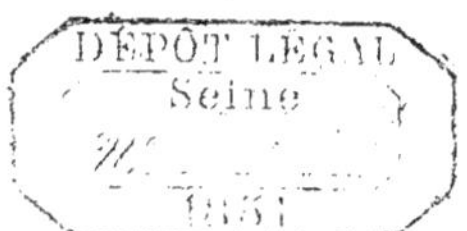

PAR M. AYMAR-BRESSION,

Secrétaire-général de l'Académie nationale et de la Société française de statistique universelle.

Il est rare qu'une question jetée tout-à-coup dans le champ sans bornes de la publicité, ne soulève pas à un coin quelconque de l'horizon une sourde et éclatante tempête. Ainsi, sans pour cela nous avancer sur le domaine de la politique, les théories de M. Proudhon, les principes de M. Louis Blanc ont ébranlé l'univers de fond en comble; les innovations économiques de M. Emile de Girardin ont agité toutes les fibres de la cervelle humaine.... Il semble donc acquis que le privilége du retentissement appartient aujourd'hui, d'une manière exclusive et absolue, à la politique.

Doit-on, de cette vogue plus ou moins raisonnée, plus ou moins passionnée, tirer des conclusions négatives contre l'intérêt que doivent inspirer certaines idées qui cheminent de par le monde, avec l'humble prétention de servir d'auxiliaires à de hautes combinaisons?... Doit-on, pour être moins vague, ne penser qu'au but sans songer aux moyens de l'atteindre? Doit-on

planer éternellement dans les hautes sphères de l'économie politique sans descendre enfin quelque peu dans les régions administratives? Serait-ce qu'il est plus facile de retrouver sa route sous les premières latitudes que dans l'inextricable labyrinthe de l'administration?

L'opinion publique ne tardera pas à résoudre toutes ces questions.

Le système de M. J.-B. Hébert nous entraînera malgré nous dans un tourbillon d'idées que nous essaierons de développer dans ce travail : nous sommes forcé de demander à nos lecteurs une attention soutenue, car, sans cette condition, ils pourraient prendre pour des rêves des appréciations qui résultent d'une longue et consciencieuse étude de son système qui, de prime abord, semble se présenter comme le superlatif de de l'abstraction et de l'impossible.

C'est l'effet propre de la lumière de l'intelligence humaine de faire éclore, à mesure qu'elle étend ses rayons et dissipe les ombres, l'esprit d'examen individuel, et finalement, la conscience générale.

Phénomène admirable que ce double attribut de la lumière qui prodigue toutes ses splendeurs sur la route déjà parcourue, et concentre la clarté seulement nécessaire sur le point prochain qui borne l'horizon vulgaire.

Dans l'humanité, à ceux-là dont l'œil est sûr et inaccessible aux illusions, de guider la marche de tous.... car, seuls, ils possèdent la patience et la volonté, puisqu'ils ont la conviction et la *certitude*. Heureux, lorsqu'ils se trouvent doués de cette puissance qui sait mettre en mouvement l'inertie des indifférents, dissoudre les petites rébellions de la peur, donner du courage aux timides et de la force aux faibles !... La foule s'ébranle alors et les suit avec une intelligente et confiante ferveur.

Mais, il le faut bien avouer, ces mouvements magnifiques ont été rares, et l'on peut compter sans peine les hommes de génie qui ont ainsi entraîné l'humanité d'un suprême effort et lui ont fait rapidement franchir les étapes de l'avenir.

Fous et *utopistes !* s'est-on écrié le plus ordinairement à leur appel.... et la mutitude de se précipiter sur les pas de quelque hardi aventurier..., laissant à ses derniers rangs quelquefois, hélas ! la tâche impie de faire expier au *précurseur* le tort impardonnable *d'avoir eu trop tôt raison.*

Spectacle étrange ! qui vérifie dans le sens physique et intellectuel le sublime *et pourtant elle tourne* de Galilée, cette multitude déviée qui, sans défaillance, avec une constante ardeur, a brisé les nombreux obstacles semés derrière le vaillant aventurier, cette multitude, dis-je, qui a quitté la route droite et facile du sage pour le chemin de traverse, si difficile, elle n'a point reculé; son agitation n'a point été vaine; elle n'est pas revenue sur ses pas, elle s'est, au contraire, portée en avant. Dans une autre direction, moins rapidement, sans nul doute, et avec des pertes cruelles, la multitude a marché d'un pas intrépide vers le but sacré et gravité vers le progrès.

Ici encore, un grand poète a pu dire :

Demain les fous seront les sages.... (1).

(1) Victor Hugo.

Consolation suprême, certainement, mais qui n'en fait pas moins regretter d'avoir vu, des siècles durant, l'attention publique, les honneurs et les récompenses s'attacher au clinquant qui se rencontre aussi où se trouve le génie, plutôt qu'aux mâles et solides vertus, à la sagesse des *vrais* grands hommes. C'est ainsi que Washington est moins admiré que Napoléon, que les grands noms de Guttemberg, de Fulton et de Parmentier, sont moins connus que celui de quelque général d'armée.

Dans les sphères moins élevées, peut-être, le même spectacle se reproduit; les illustrations de la politique et de la diplomatie écrasent de leur éclat la science laborieuse et tutélaire de l'administration d'un pays, de l'*administration* dont le dernier mot sera quelque jour, soyez-en sûrs, l'organisation logique et équitable de la richesse publique. Les noms de Talleyrand et de Pitt sont encore dans toutes les bouches quand à peine ceux de Turgot, de Franklin et de Monthyon descendent dans les cœurs.

Est-ce là injustice, faiblesse ou erreur ? Doit-on croire que l'envie ferme le cœur de l'homme à la reconnaissance, ou qu'il est impuissant à discerner ce qui est véritablement grand et digne de son admiration, enfin, qu'il sera le jouet éternel de ses illusions ? Ni l'une ni l'autre de ces hypothèses n'est acceptable. Il est plus facile de frapper vivement l'imagination que de saisir la raison et de satisfaire la conscience humaine. Telle est pour nous l'explication de ce phénomène, qui se reproduira d'autant moins dans l'avenir que la science se répandra de plus en plus dans toutes les couches de la société et que l'homme exercera plus facilement et plus sûrement cette faculté précieuse que Condorcet prétend être toute son individualité dans la nature : la *faculté du jugement.*

Et, en effet, ne voyons-nous pas déjà, de nos jours, exhumer des limbes du passé tous ces noms qu'à peine ont connu les générations qui nous ont précédés? Ne leur voyons-nous pas restituer, à toute heure, l'auréole de vraie gloire dont une fausse renommée avait paré tant d'indignes?... N'est-ce pas notre époque qui rappelle de l'oubli Salomon de Caus, le *fou de Bicêtre*, qui, le premier, comprit la puissance de la vapeur?... Allez ! on peut tout attendre de la grande nation qui, aujourd'hui, veut être gouvernée par la loi plutôt que par l'épée, par le magistrat, plutôt que par le guerrier, fût-il le plus grand capitaine. Laissez faire au temps et à l'intelligence de la France et toutes les réhabilitations auront leur tour, toutes les idées vraiment utiles se produiront à la gloire de leurs auteurs.

Soyons donc plus justes envers notre époque et n'accusons pas trop vivement le xixᵉ siècle de légèreté, d'indifférence et d'oubli. Quel temps a vu naître plus de systèmes dans toutes les branches de la science? En quel lieu les idées ont-elles eu un plus facile accès ? Que si le mérite ne perce point sur l'heure la tombe des incapables pour se placer au premier rang, est-il par hasard plus pressé que le génie qui a tant de peine à se faire jour à travers la croûte encore épaisse des préjugés et de la routine ! Tout, maintenant, doit s'incliner devant l'examen et l'épreuve, car tout est au concours. — Nous ne sommes plus, Dieu merci, au temps de ce despotisme brutal où les convictions s'imposaient par l'abus de la force ; on ne saurait plus crier : *Crois où je te tue*; la conscience est libre ; il faut prendre aujourd'hui sa voix la plus douce et dire : *Discutons, j'espère te convaincre.*

Cette digression, peut-être un peu longue, nous a cependant été fournie par le sujet que nous avons à traiter, il nous a semblé que l'auteur du système d'immatriculation générale, regrettait avec trop d'amertume, dès le début de sa démonstration, non pas seulement la non-application immédiate de ce système, mais encore la lenteur de l'examen, de la discussion du principe qui lui sert de base. Disons de suite que l'impatience de M. Hébert prend sa source dans une conviction si ferme de l'utilité et de la fécondité des résultats qu'il poursuit depuis bientôt dix ans avec une persévérance et un dévoûment rares, que nous ne nous sentons pas le courage de le *gourmander* davantage. Qu'il nous permette cependant, avant d'aborder l'analyse de ses importants travaux, de lui dire, dès à présent, non par forme d'encouragement ou d'éloge, mais par esprit de justice, qu'il nous paraît beaucoup moins à plaindre encore que beaucoup d'autres novateurs : n'a-t-il pas vu déjà son *système d'administration générale*, sinon admis en entier, au moins étudié par des hommes éminents? J'aurai l'honneur de citer dans le cours de ce rapport les noms de ses principaux critiques.

Origine du système d'immatriculation générale. — M. J.-B. Hébert, qui se défend à tort, selon nous, dans ses divers ouvrages, d'être un philosophe, un jurisconsulte et un écrivain, a été frappé dans une longue pratique du notariat (plus de trente années), des vices nombreux que présente notre système hypothécaire que M. Dupin aîné, procureur-général près la cour de Cassation et président actuel de l'Assemblée nationale, jugeait, en 1842, d'une façon aussi sévère que laconique :

« Le cri social s'est élevé contre les imperfections du régime hypothécaire; ces imperfections peuvent se résumer ainsi :

« 1º En achetant, on n'est jamais sûr d'être propriétaire;

« 2º En payant, on n'est jamais sûr d'être libéré;

« 3º En prêtant son argent, on n'est jamais sûr d'être remboursé.»

Ces lignes énergiques, d'une autorité aussi compétente, M. Hébert les spécifiait ainsi en 1841.

« Dans ma longue carrière, j'ai toujours été frappé de l'*Impossibilité* où chacun s'est trouvé et se trouve aujourd'hui de connaître l'homme pour ce qu'*il Est*, — ce qu'*il a Fait*, — ce qu'*il Possède*; et cependant, cette connaissance est indispensable pour la sûreté des transactions civiles. »

En effet, dans les transactions civiles et commerciales que l'on veut garantir par une bonne hypothèque, ne faut-il pas savoir :

Si la partie est mariée, tutrice; si elle a été interdite, si la femme est séparée de biens ? — C'est-à-dire *ce qu'elle est*?

Si la partie est en faillite ou si elle a obtenu un concordat? c'est-à-dire *ce qu'elle a fait* ?

Si l'immeuble qu'elle présente lui appartient; quel est le revenu de cet immeuble; si elle en possède d'autres? c'est-à-dire *ce qu'elle possède* ?

Ce n'est pas sans but que M. Hébert, dans les lignes qui précèdent, s'est servi du mot *Impossibilité*. Notre législation actuelle, dans ses diverses branches, l'état civil lui-même réputé en France si perfectionné, pas plus que notre rouage si compliqué et si attaqué du régime hypothécaire ne fournissent, en effet, les moyens d'obtenir d'une manière certaine, absolue, ces indications précises , indispensables dans une foule de cas.

Vices de notre système actuel d'administration. — Notre organisation est sans contredit l'unique cause des désordres et des perturbations de la société : soit que l'on parcoure les feuilles publiques, soit que l'on suive les audiences des tribunaux, soit que l'on se livre aux affaires, on est étonné de la multitude de délits, de crimes, de fraudes et d'abus que chaque jour voit commettre.

Tantôt un bigame porte le déshonneur dans une famille, tantôt un forçat libéré contracte un mariage en cachant ses honteux antécédents. — Ici, un failli est admis par une maison respectable comme membre d'une société, — là, un enfant est enlevé par des bateleurs à la tendresse de ses parents ; — un réclusionnaire, à peine sorti de prison, est reçu comme domestique ; — un escroc est admis dans les armées en qualité de remplaçant ; — un homme, en ne se déclarant pas engagé dans les liens du mariage, cèle l'hypothèque légale dont ses biens sont grevés ; — une femme mariée se présente comme libre de ses droits, ou déclare ne pas avoir de contrat de mariage, bien qu'elle ait adopté par contrat le régime dotal ; — un individu ne fait pas connaître la tutelle dont il est chargé ; — un prodigue contracte loin de l'arrondissement du tribunal qui a prononcé son interdiction ou lui a nommé un conseil judiciaire ; — un indigne extorque un permis de chasse ; — un héritier légitime, dont l'existence est ignorée, n'est point appelé à recueillir sa part dans une succession, tandis que des *héritiers apparents* sont admis à un partage auquel ils n'ont aucun droit ; — de fréquentes suppressions d'état ont lieu au préjudice d'enfants légitimes, par leur exposition à l'hospice ou leur dépôt dans un tour ; — des mutations par décès sont omises au préjudice du fisc ; — des incapables, au moyen de frauduleux emprunts d'impôts, faits dans l'intérêt de tel ou tel parti, sont inscrits sur les listes électorales, et viennent, sans droit ni qualité, déposer un vote dans l'urne. — Qui sait où l'on pourrait s'arrêter dans cette triste énumération ?

Ainsi que l'écrivait dans le journal la *Presse*, M. Hébert, s'adressant à M. Havard, rédacteur en chef du journal le *Notariat :*

« Avec les lois actuelles (sur le régime hypothécaire) et celles dont les bases sont en ce moment posées par la commission de l'Assemblée législative (alors chargée d'un rapport sur un projet de loi sur la même matière), il est impossible de reconnaître l'individu *débiteur*, *l'immeuble* grévé, les *seules inscriptions* frappant contre ce débiteur, les *seuls actes* par lui consentis, les vrais *prénoms*, les anciennes *professions* et les diverses *demeures* de ce débiteur.

But du système d'immatriculation générale. — C'est en 1841 que M. Hébert, mû par des motifs de sécurité pour ses clients, en vint à se poser cette question, qui portait en elle-même, comme on va le voir, sauf le mode pratique, sa solution certaine : Trouver un moyen de spécialiser l'*individu* (c'est-à-dire le débiteur), l'*immeuble* (c'est-à-dire le gage), enfin *le titre* (c'est-à-dire l'inscription).

Le cadastre et l'immatriculation n'en étaient pas à leur origine ; il s'agissait d'en combiner une application telle que les effets de ces deux agents se prêtassent un mutuel appui, et que, si désormais l'erreur restait encore possible, comme dans toute opération de l'intelligence humaine, le redressement en fût si facile, si instantané, et la trace si fugitive, qu'elle ne pût plus jamais causer aucun désordre.

On voit ici jaillir un principe d'organisation qui va pouvoir s'étendre à toute la société elle-même et non plus seulement à l'une des sources de sa fortune.

Pourquoi, en effet, les honnêtes gens sont-ils si souvent victimes, et la loi trop souvent impuissante à frapper les coupables ? N'est-ce pas uniquement parce que les hommes pervers ne sont pas, et ne peuvent pas, la plupart du temps, être connus pour ce qu'ils sont ? La société aurait donc la sécurité la plus absolue s'il lui était possible de parvenir à cette importante connaissance, — et elle y parviendrait infailliblement, s'il existait, par exemple, un bilan de la vie de tous les citoyens ; un livre où le gouvernement pût voir, sans crainte d'erreur, la position sociale de chacun, et les modifications qu'elle peut subir chaque jour, — sa fortune, — ses titres, — le nombre de ses enfants, — sa profession, — les incidents qui ont varié son existence, etc.; de manière qu'il lui fût facile de reconnaître, en quelque endroit qu'ils se fussent cachés, de quelques titres, de quelques noms qu'ils se fussent décorés, ceux que doit frapper sa justice ; — un livre qui pût fournir aux particuliers la matière d'un dossier, représentant d'une manière complète et rigoureuse les antécédents de tout individu qui se présenterait pour engager avec eux une affaire quelconque, constatant sa capacité de contracter, — ses droits, — les causes qui les ont éteints, suspendus ou rétablis.

M. Hébert avait trouvé son principe et fait son programme, il fallait en démontrer l'application facile, le fonctionnement prompt et régulier, sans les inconvénients jusqu'ici inhérents à tout mécanisme administratif.

De nos jours, il faut bien le reconnaître, l'homme n'a plus cette vie calme et monotone qui s'écoulait à l'ombre de son clocher ; à cette époque si loin de nous, un simple prénom, sa profession, tel ou tel signe suffisaient à l'individualiser. A cette heure, l'homme vit, en quelque sorte, sur toute la surface du globe ; sorti d'un hameau dont le nom est à peine indiqué sur la carte départementale, il se noiera peut-être dans les flots du *Sacramento*, après avoir suivi le drapeau de la France à travers les capitales de l'Europe et plus tard commercé dans l'Inde. Un mois suffit, que dis-je, quelques jours, pour aller de Paris à Saint-Pétersbourg, et toucher l'Italie et l'Autriche par Trieste. On a dit il y a quelques cents ans : *Il n'y a plus de Pyrénées;* maintenant il n'y a plus de Pyrénées, d'Alpes, d'Ourals et même de Caucase.

Au milieu de ce mouvement universel où les hommes et les peuples se croisent et s'entremêlent, il faut, dit M. Hébert, un moyen non-seulement infaillible, mais aussi prompt que la vapeur, de reconnaître « tout individu qui n'est ni Guizot, ni Peel, ni l'une des autres célébrités européennes. » Les lentes formalités de la police doivent disparaître.... N'est-il pas déraisonnable qu'il coûte plus de temps au voyageur pour obtenir un simple *visa* que pour traverser tout un royaume toute une république?

Mais où trouver les moyens de former ce livre? où puiser les renseignements? comment les coordonner? par quelle méthode rapide et sûre tirer de ce livre l'indication nécessaire? M. Hébert affirme que l'*immatriculation générale* répond à toutes ces questions.

Essayons d'exposer sommairement ce système.

Nous avons dit que c'était à l'aide des effets combinés du *cadastre* et de l'*immatriculation* que l'auteur prétendait obtenir son succès.

Tout le monde connaît assez le but, l'utilité et les applications du cadastre pour que nous soyons dispensé d'en présenter la définition; il suffit de savoir que M. Hébert en admet, sans conteste, le principe, et reconnaît que c'est la méthode la plus parfaite et la plus sûre que l'on ait pour spécialiser telle partie quelconque du territoire de la république. Toutefois, M. Hébert, à propos du cadastre, émet ce vœu si naturel et si simple, « que cette utile administration soit représentée par un agent dans chaque arrondissement, et que le travail de cet agent soit centralisé au chef-lieu du département. » Il est extraordinaire que cette nécessité n'ait point encore été comprise.

Ce que M. Hébert recherche, ce qu'il poursuit, ce sont des résultats identiques à ceux du cadastre, pour les personnes, les titres et toute espèce d'objet. Puis, par un lien simple et facile, il veut coordonner dans un ensemble général toutes les indications entre elles, les solidariser, en un mot, de façon que l'une appelle et fasse connaître l'autre, et réciproquement, sans qu'il puisse jamais y avoir trouble, confusion ou méprise, individualisés que seront tous, *personnes*, *titres* et *objets*, par une marque indélébile, ineffaçable.

BASE DU SYSTÈME. — Par *immatriculation*, dit M. Hébert, on doit entendre l'inscription sur un registre ou état d'un objet quelconque, avec l'adjonction d'un numéro d'ordre qui rende à jamais impossible toute confusion de l'objet inscrit avec tout autre, malgré la similitude la plus frappante : l'immatriculation c'est le *numérotage*.

Or, selon la belle et poétique expression de l'auteur, « le *nombre seul*, comme Dieu,

a le privilége de ne pas avoir son semblable. De un à mille, de mille à un million,
d'un million à un milliard, etc., pas un
nombre ne se reproduit deux fois.

« Le *nombre* seul, comme Dieu, a une puissance ascendante et descendante infinie. »

L'addition d'un nombre à un mot fait
connaître l'individu, le spécialise complète-
ment. Désormais ce numéro ne devra plus
être séparé de son nom propre, il en fera
en quelque sorte partie intégrante, de façon
que l'un ne soit jamais écrit, prononcé
même, peut-être, sans entraîner inévitable-
ment l'autre. Que cette mesure soit adoptée, et avant cinquante années il ne sera
plus possible de séparer l'individu du numéro sous lequel il aura été immatriculé.
Qui de nous ne se souvient du chiffre sous
lequel était inscrit son linge au collége ou
ses armes au régiment? Pour cela il suffit
de rapporter à ce numéro immatricule le
numéro d'ordre de tous les actes civils, judiciaires, administratifs et notariés qui con-
cernent cet individu. « Alors, dit l'auteur,
toute sa vie *politique* et *sociale* sera connue
et il se trouvera individualisé et spécialisé
d'une manière aussi certaine, aussi inva-
riable que l'est le grand roi du xviie siècle
par ces *mot et nombre* : Louis XIV. »

La confusion des noms propres par les
mêmes prénoms, les mêmes sobriquets qui
se reproduisent de famille en famille, et
quelquefois d'une manière uniforme, de-
viendra un fait impossible.

L'IMMATRICULATION EST-ELLE UN DANGER POUR
LA LIBERTÉ INDIVIDUELLE ? — Avant d'aller
plus loin, avant de nous aventurer dans
l'édifice, inquiétons-nous tout d'abord de sa
solidité, car si « la base est inacceptable,
ainsi que l'a dit M. Leroy, conseiller près
la cour d'appel de Rouen, dans un rapport
lu à l'Académie de la même ville, vainement le mode d'exécution deviendrait-il sa-
tisfaisant. »

Diverses objections ont en effet été pro-
duites contre la pensée que traduisent ces
mots : *La vie politique et sociale sera connue.*
M. de Homberg, avocat distingué du bar-
reau de Rouen, dans un mémoire plein de
vues élevées, a écrit cette phrase : « Nous
« ne nous permettrons pas d'assurer que
« certaines *susceptibilités* de liberté indivi-
« duelle ne s'effraieront pas à l'idée d'un

« véritable bilan dressé pour chaque ci-
« toyen, chez le conservateur des hypo-
« thèques, dévoilant ainsi les secrets de tou-
« tes les affaires, de toutes les situations. »

Dans un autre travail qui, nous le pensons, n'a point été livré à la publicité, et
dont, par conséquent, nous devons nous
interdire de nommer l'auteur, travail, selon
nous, plus spirituel ou plutôt plus superfi-
ciel que profond, plus railleur que logique,
on a, comme à plaisir, amassé contre l'*immatriculation générale* une série de repro-
ches, dont le moins fort est que ce système
manque complétement d'utilité.

Voici la série d'accusations portées contre l'œuvre de M. Hébert :

« Ce système illibéral, dangereux, con-
« traire à nos mœurs, contradictoire avec
« les principes hypothécaires, ruineux pour
« le commerce, l'industrie et l'agriculture,
« subversif du crédit, qui veut rappeler à
« vie cette loi des suspects éditée les 19-22
« juillet, et restée sans exécution, qui, en-
« fin, invoque l'arbitraire ministériel, — un
« tel système ne peut pas naître viable en
« France ! »

On ne saurait se montrer plus antipathi-
que au *numéro*. Il faut avouer que l'écrivain
a laissé percer ici plus de passion que de
raison ; mais peu d'esprits sensés se laisse-
ront intimider par cet *épouvantail*, dont on
a tant abusé de nos jours, en d'autres circonstances, pour repousser des idées nouvelles.

Ce paragraphe du rapport, car c'est un
rapport, si peu sérieux qu'en soient le fonds
et la forme, ne date pas d'il y a cinquante
ans.... il porte le millésime de 1845 !...
C'est un anachronisme.

Quant à l'objection de M. de Homberg,
quoique présentée sans preuves, sous la
forme dubitative, sans insistance, elle est
fort sérieuse en ce qu'elle touche à un point
trop délicat, trop profondément inscrit dans
la conscience de tous les citoyens pour que
nous ne l'examinions pas d'une façon au
moins sommaire, quelque rassuré que nous
soyons, du reste, à l'endroit des garanties
que fournit le système de M. Hébert, non-
seulement à la liberté individuelle mais
même à ses susceptibilités, pour répéter
l'expression de M. de Homberg.

En thèse générale, nous ne croyons plus,
et notre histoire nationale en a fourni par

trois fois la preuve en moins d'un demi-siècle, qu'il soit non-seulement possible, mais même utile, désormais, à aucun gouvernement vraiment normal, de gêner la liberté individuelle de chaque citoyen dans aucune des manifestations à lui propres, personnelles, en tant du moins, bien entendu, que l'intérêt général et l'ordre public n'ont point à en souffrir. Car c'est juste à ce point précis que commence l'action de la loi, et la loi, dans les sociétés modernes, en France particulièrement, n'a de durée, de respect et conséquemment de force qu'à la condition d'être l'expression sincère de la conscience publique. Il ne le faut point oublier : des quatre pouvoirs qui nous régissaient, il n'y a pas bien longtemps encore : le *roi*, la chambre des *pairs*, celle des *députés* et l'*opinion publique* alors représentée presque exclusivement par les journaux, de ces quatre pouvoirs, dis-je, un seul est resté debout, le dernier. Ce pouvoir lui-même, qui sait résister à tout, il a changé en les agrandissant, en les épurant, les manifestations de sa volonté; la presse n'est plus que son écho passionné; l'*élection*, voilà la voix légale qui porte ses *firmans* redoutables et respectés : pouvoir législatif, pouvoir exécutif ne doivent plus être pour elle que des instruments dociles et respectueux dont la constitution du pays règle le fonctionnement.

Nous semblons être fort loin du système de M. Hébert, et cependant nous ne l'avons pas un instant perdu de vue ; ne fallait-il pas répliquer à ceux qui se méprennent sur sa véritable portée, sur ses conséquences finales, que ce soit par des susceptibilités toujours respectables quand elles sont consciencieuses ou qu'il s'agisse de répondre à la banale accusation d'*arbitraire ministériel?*

L'immatriculation est-elle donc une théorie sociale qu'elle puisse à la fois jeter la ruine dans le commerce, l'agriculture et l'industrie et bouleverser le crédit par sa contradiction avec les principes hypothécaires? Loin de là, M. Hébert a tout simplement élaboré un projet d'organisation administrative sur lequel il appelle la discussion la plus étendue comme la plus sérieuse. Ce projet, il ne vous le livre pas, chat en poche; il n'en sollicite pas *sournoisement* l'application... Eh ! mon Dieu, non... Il commence par dépenser de ses propres deniers plus de vingt-cinq mille francs pour l'impression de ses ouvrages, puis ces ouvrages... il ne les vend pas, il les *donne* à tous ceux qui les lui demandent, à tous ceux qui s'intéressent à son idée. En un mot, il convie tout le monde à la discussion... Discutez donc avant de condamner ou d'absoudre.

Nos mœurs ne sont pas aussi opposées qu'on pourrait le croire au premier coup d'œil aux moyens minutieux de l'*immatriculation;* on verra plus loin dans combien d'administrations publiques et privées elle a reçu la sanction de la pratique, du temps même, et, en fin de compte, si elle peut s'accorder avec la liberté.

Donnons une dernière raison : le système de M. Hébert ne s'applique pas seulement à une *portion* de citoyens, car il n'établit aucune *hiérarchisation* et ne recherche aucune prédominance des uns sur les autres, mais il s'applique *uniformément à l'universalité de la population;* c'est le cas d'appliquer le proverbe populaire : ce qui touche tout le monde ne touche personne. — L'immatriculation est un pas de plus vers l'égalité réelle.

Or, dans un pays libre, éclairé, intelligent entre tous, une machine administrative, qui doit fonctionner par et pour tous les citoyens indistinctement, est, ou une grande amélioration (car tous ses rouages auront été examinés, ajustés et jugés avant la mise en œuvre), ou une puérilité sans danger bonne tout au plus à continuer d'amuser celui qui l'a conçue.

QUELLES GENS DOIVENT REDOUTER L'IMMATRICULATION ? — DES CONDAMNATIONS JUDICIAIRES. — Aucune personne irréprochable ne doit doit donc redouter l'immatriculation ; on doit au contraire appeler les lumières qu'elle comporte. Avec M. Hébert, nous disons qu'il faut prendre peu de souci des clameurs intéressées de ces gens qui n'ont ni la vertu de se soumettre à une position infime ni le courage nécessaire pour se livrer au travail qui peut en faire sortir, et préfèrent se donner mensongèrement comme possesseurs de fortunes immobilières dans des départements éloignés, pour faire des dupes. L'auteur ne se dissimule pas, toutefois, que par l'application de son système il n'y aurait jamais oubli des condamnations infamantes, même de celles afflictives, pour lesquelles cependant on conçoit si bien, en beaucoup de cas, l'indulgence et le pardon complets. Cette idée d'une flétrissure permanente n'est pas dans nos mœurs. (*Voir la note de la page* 23).

Laissons M. Hébert lui-même défendre son système devant ces objections les plus sérieuses qui se puissent présenter à tout législateur.

« Les tables qui contiendraient ces *mentions*, ne seraient pas tellement publiques que chacun pût en prendre connaissance ; Il faudrait, après l'expiration de la peine, le consentement de la personne atteinte pour qu'on pût les consulter ; — et dans l'état actuel des choses, la constatation de ces faits existe dans les greffes. — A tout cela on répond que le refus d'un individu de donner son consentement à la recherche fera seul supposer l'existence de la faute, et de plus, que l'impossibilité notoire existant, de nos jours, de connaître, dans beaucoup de cas, les greffes qui renferment ces renseignements, équivaut en quelque sorte à leur non existence.

« Et dans quel but, demanderons-nous, le législateur a-t-il établi ces consignations diverses ? A t-il voulu qu'elles fussent inutiles ou qu'elles servissent à quelque chose ? La première hypothèse ne peut s'admettre ; et, si l'on se range à la seconde, il faut avouer aussi qu'il n'a pas atteint son but. Et l'on viendrait nous faire un crime de lui en fournir les moyens ! »

Ajoutons à ces lignes que ces *renseignements* ne se trouvent pas seulement dans les greffes des tribunaux, aux parquets, à la Préfecture de police, mais encore dans une foule d'administrations, au ministère de l'intérieur, dans toutes les préfectures de département, et même en partie sur les listes électorales, en marge des noms raturés.

Lorsqu'un individu est frappé d'une peine quelconque, n'est-il pas en même temps condamné aux frais ? Eh bien ! le fisc, par l'administration de l'enregistrement et des domaines, si le condamné a des biens actuels ou en perspective, formera une inscription qui constatera que le directeur des domaines et de l'enregistrement a requis contre tel ou tel individu,

complétement désigné à l'aide de la procédure :

« En vertu d'un arrêt de la Cour d'Assises de tel département qui le condamne à *cinq ans de travaux forcés,*

« Pour la somme de....., montant des frais de la condamnation,

« L'inscription du privilége du trésor public sur tous les biens présens *et à venir* du condamné. »

Cette inscription, s'il y a lieu, sera plus tard dénoncée par *exploit d'huissier* aux vendeurs, aux acquéreurs, etc.

N'est-ce pas là une publicité plus désolante que celle proposée par M. Hébert et qui pourrait être remplacée par la liste immatricule de condamnation qui ne serait pas livrée à la curiosité de chacun ?

Il a été dit que l'immatriculation s'opérerait par la simple adjonction d'un numéro d'ordre à tout nom propre, titre ou objet.

L'IMMATRICULATION EST UN VASTE SYSTÈME. — EXEMPLES PARTIELS DE SON APPLICATION EN FRANCE. — Simple comme l'unité, au début, si l'on ne considère que ce nom propre auquel s'ajoute un chiffre pour le spécialiser, le sourire vient aux lèvres devant ce grand mot de système appliqué à la méthode de M. Hébert. Mais que la pensée scrute un moment cette formule d'ordre qui a nom : *Immatriculation* ; qu'elle en suive les applications, qu'elle suppute une seconde seulement ce que peut produire, multipliée, cette unité si facilement acceptée, — aussitôt *l'innombrable* envahit, éteint l'appréciation, et la solution si naïve devient insoluble.

Double erreur que ces deux jugements.

En France, maintenant, presque tous les individus sont immatriculés, ou inscrits à plus d'un titre sur un registre quelconque avec un numéro d'ordre spécial. Bien des administrations publiques et privées emploient des moyens analogues et quelques-unes l'immatriculation elle-même.

La conservation des hypothèques suit un mode d'inscriptions et de tables qui offre cette analogie.

Le même système est établi par le registre de la dette publique où sont inscrits tous les propriétaires de rentes sur l'Etat, tous les pensionnaires du gouvernement ;

Par les registres tenus en exécution des

articles 1 et 61 du code de procédure civile, dans chacun des greffes des tribunaux civils et destinés à l'inscription de tous les huissiers du ressort ;

Par les registres matricules tenus dans chaque consulat, en vertu de l'ordonnance royale du 28 novembre 1833, et destinés à inscrire les Français qui se trouvent en pays étrangers ;

Par les registres établis conformément à l'ordonnance royale du 4 janvier 1843, dans chaque chambre de discipline des notaires d'un arrondissement, pour l'inscription des clercs aspirant au notariat ;

Par les états dressés aux termes de la loi du 5 brumaire an IV, pour l'inscription des marins ;

Par les registres matricules prescrits par l'ordonnance du 10 mai 1844, pour l'inscription, dans chaque régiment, des officiers, sous-officiers, vétérinaires et soldats, ainsi que pour les chevaux, mulets et voitures;

Par les registres matricules tenus dans chaque mairie, en vertu de la loi du 22 mars 1831, relative à la garde nationale, et sur lesquels sont inscrits tous les individus âgés de vingt ans;

Par la matrice établie dans chaque commune, et servant à former, aux termes de la loi du 26 mars 1831, l'état des individus qui doivent être imposés à la contribution personnelle et mobilière;

Par les listes annuelles dressées dans chaque département, en vertu de la loi du 21 mars 1832, sur lesquels sont inscrits tous les jeunes gens âgés de vingt ans accomplis, appelés à concourir à la formation du contingent annuel pour le recrutement militaire ;

Par les listes électorales; — Par les rôles des patentes; — Par les souches des passeports; — Par les livres d'écrou des prisonniers;

Par les registres des hôpitaux constatant l'entrée et la sortie des malades ainsi que des enfants nés ou recueillis dans ces établissements.

Une liste exacte, tenue par le même procédé, existe :

Aux préfectures pour les *électeurs* des diverses élections, — les députés, — les conseillers soit généraux, soit d'arrondissement, soit municipaux ; — pour les personnes qui ont obtenu des passeports à l'étranger, — pour les libérés en surveillance;

Aux parquets pour les condamnations ;

Aux colléges et aux séminaires pour les élèves, avec distinction spéciale pour les lauréats;

Aux archevêchés et évêchés pour les ecclésiastiques;

Aux commissariats de marine pour les marins classés ;

Aux ministères pour les nominations à toutes les fonctions, à tous les emplois, à tous les grades, à tous les titres honorifiques, — pour les brevetés, — pour les industriels qui obtiennent des autorisations de construire des usines.

N'existe-t-il pas dans toutes ces administrations, et dans bien d'autres encore, des tables, des répertoires, des listes, des états soit pour l'inscription des pièces, soit pour l'expédition des affaires?

Et *les chemins de fer* n'inscrivent-ils pas un numéro d'ordre sur le sac aux outils de l'ouvrier aussi bien que sur la calèche du millionnaire ?

Est-il besoin d'ajouter enfin que le plus ordinairement aux nom, prénoms et qualités de l'individu, se trouve invariablement joint un n° d'ordre ?

UNITÉ, CENTRALISATION DE CES DIVERS RENSEIGNEMENTS. — Que demande donc davantage M. Hébert? La mise en rapport et la solidarisation de ces diverses inscriptions par un même et unique numéro d'ordre (dit n° matricule) donné à chacun des membres de la grande famille française et à tous les étrangers établis en France ; un véritable *grand-livre* de la population, selon l'heureuse expression de M. Emile de Girardin, où chaque individu aurait son compte ouvert, où seraient indiquées les sources auxquelles on pourrait puiser tous les renseignements désirables, — un *bilan* de la vie de tous les citoyens, — enfin une sorte de fil d'Ariadne à l'aide duquel on pût parcourir le labyrinthe de l'existence individuelle, comme celui des affaires publiques et administratives.

M. Hébert, dans le premier livre de l'exposition de son système, court au-devant du sarcasme qui ne manque pas de s'attaquer à toute conception grande et utile, mais dont les rouages sont compliqués ou

plutôt multiples comme les résultats demandés, dont les difficultés apparentes ren-
dent au premier coup-d'œil l'application
impossible : quel beau rêve ! dit il, avec
une sorte d'amertume : voilà le cri de la
routine.... C'est aussi le murmure des employés qui craignent à tort de voir aug-
menter leur besogne.

Ce serait se faire une étrange illusion,
cependant, de penser que l'administration,
dans un pays où *tout* change si fréquem-
ment dans le but de s'améliorer, restera im-
muablement assise sur ses bases vermou-
lues. Dans les jours d'émotion générale, le
cri qui sort de la conscience des véritables
hommes d'ordre et de progrès, c'est : *Réforme administrative.*

Ainsi que le dit M. Hébert : les rouages
de l'administration publique doivent fonctionner avec tant de vérité, d'uniformité et
de publicité que la *probité* du gouvernement
ne puisse pas même être mise en doute.

Et cependant, dit-il plus loin, « pour
rassurer les administrations, je déclare que
je ne demande aucun changement à ce qui
existe dans les administrations : je n'ai besoin que d'une *colonne en plus* dans chaque
état ou tableau, afin d'y mettre un numéro
d'ordre à chaque nom et à chaque fait. »

Loin de supprimer des administrations,
M. Hébert est amené, on le comprend, à en
créer une nouvelle pour la pratique de son
système : l'*Aministration de l'inscription publique,* dont l'utilité va, tout-à-l'heure, nous
l'espérons, devenir si évidente à tous les
yeux, que les innombrables *convives* du
budget, eux-mêmes, voteront pour elle.

Point de loi nouvelle indispensable. —
Le système de M. Hébert ne nécessite pas
non plus la réforme radicale de notre législation. L'assemblée nationale, c'est l'avis
de l'auteur, pourrait attendre les résultats
de l'expérience avant de rendre exécutoire,
par une loi, l'*immatriculation générale;* d'autant plus que les mandataires seuls de la
nation peuvent disposer sur quels points et
dans quelles conditions spéciales la lumière
sera projetée, d'une façon permanente sur
la vie politique et sociale des citoyens, puisqu'il est passé en adage dans les sociétés
modernes que, contrairement à l'opinion
de cet illustre Romain qui demandait que sa
maison fut de verre, *la vie privée sera murée.*

Aujourd'hui, un simple décret du pouvoir
exécutif, commenté par des circulaires ministérielles, aidées elles-mêmes de quelques
modèles d'*états,* suffiraient à l'organisation
et à la mise en pratique de ce système.

Voici le décret proposé pour le pouvoir
exécutif :

« A partir du 1er janvier prochain, la population française sera divisée en deux parties.

« 1° La population *actuelle;* — celle exis-
tante le 31 décembre.

« 2° La population *future;* — celle née
depuis le 1er janvier.

« Il sera enjoint aux maires de chaque
commune d'envoyer, dans les deux jours,
au juge de paix de leur canton, la copie entière et littérale, sur papier libre, revêtue
de la signature du maire et du cachet de la
mairie, de tous les actes de l'état civil, à
partir du 1er janvier alors prochain.

« Il sera recommandé aux juges de paix
de transmettre ces actes aux sous-préfets, et
à ceux-ci de les envoyer aux préfets qui les
feront parvenir au directeur de l'inscription
publique. »

M. Hébert s'est également occupé de la
population *antérieure* et a créé un ordre spécial pour elle. — Nous ne toucherons pas ce
point parfaitement élucidé et qui n'a, quant
à la marche de la méthode que nous expo-
sons, aucune espèce d'importance.

Organisation et opérations du système. —
Entrons maintenant dans la pratique par
la description de quelques opérations :

On suppose, sur des données faciles à
vérifier, que l'exécution du décret ci-des-
sus apporterait à Paris chaque jour :

3,000 actes de naissance, 3,000 actes de
décès et 700 actes de mariage.

Chaque jour il serait procédé à l'immatriculation des 3,000 individus nouvelle-
ment nés.

— 3,000 pères de ces enfants.
— 3,000 mères — —
— 700 individus du sexe masculin, les
mariés.
— 700 individus pères des maris.
— 700 mères des maris.
— 700 du sexe féminin, les *mariées.*
— 700 leurs pères.
— 700 leurs mères.

————

10,200. Total par jour.

Supposons, à cause des doubles emplois et des enfants naturels, que le chiffre journalier s'élève seulement à 10,000 ; nous aurons en un an 5,650,000, et en dix ans trente-six millions et demi, nombre égal à celui de la population.

Mais ce résultat serait obtenu par les naissances et les mariages seulement. Combien d'autres circonstances dans la vie faciliteraient l'immatriculation, dans un délai plus rapproché

Comment procéder ?

L'administration possède le bulletin de naissance de *Durand* (Jacques), fils de Louis et dame *Loiseau*, et son bulletin de mariage avec dame *Manoury*,

De ce mariage naît un enfant. Que fait le père ? Il déclare cette naissance au maire qui en dresse acte, en envoie la copie certifiée au juge de paix ; cette copie arrive à la direction générale, signée et revêtue du cachet de la mairie. *C'est une pièce authentique,* dans laquelle on lit que :

« Le sieur Jacques *Durand*, chevalier de
« la Légion-d'Honneur, commerçant demeu-
« rant à Duclair, Seine-Inférieure, a déclaré
« que Louise *Manoury*, sa femme, est accou-
« chée d'*un enfant* du sexe *masculin*, auquel
« il a donné le prénom de *Georges*.

« Dont acte en présence de, etc. »

Aussitôt l'arrivée de cette pièce authentique à la direction générale de l'inscription publique, *on procède à l'immatriculation*.

De 1° Jacques Durand, le père ;

2° Louise Manoury, la mère ;

3° Georges Durand, l'enfant.

L'administration a en sa possession tous les bulletins de mariage célébrés depuis vingt-cinq ans : donc elle possède celui de Jacques Durand avec la dame Manoury.

On cherche ce bulletin dans la division des extraits de mariage. On trouve, 10, 20, 30 actes de mariage entre un Durand et une demoiselle Manoury, mais les prénoms des père et mère, l'âge des époux, celui du père de Durand déclaré dans l'acte de naissance, font reconnaître le bulletin véritable, sans qu'il puisse exister le moindre doute. Ce bulletin de mariage une fois trouvé, on vérifie si le nom de famille et les prénoms des père et mère sont écrits correctement et conformément à l'acte de mariage.

De cette manière, toutes les erreurs sont immédiatement réparées, tandis qu'aujourd'hui elles ne le sont qu'un an après... Et le sont elles toutes ? Non certes , et chaque année plus de 5,000 jugements, souvent collectifs, sont rendus pour ordonner ces rectifications.

Avec l'immatriculation, plus de changements dans les noms. Tels ils sont écrits dans les actes de mariages , tels ils seront reproduits dans les actes de naissance des enfants issus de ces mariages , tels ils le seront de génération en génération, sans que l'omission ou l'addition d'une seule lettre puisse avoir lieu. On aurait déjà là un beau résultat obtenu par l'immatriculation, mais ce ne serait pas la centième partie des avantages qu'on en tirerait.

Cette vérification faite, les noms et prénoms étant exactement écrits, il est procédé à l'immatriculation des père et mère de l'enfant.

DES LISTES IMMATRICULES D'ABORD PROPOSÉES.
— Il peut y avoir autant de feuilles immatricules qu'il y a de natures de faits ou d'espèces d'actes à enregistrer. Voici les principales à établir, selon l'auteur :

Immatricule *personnelle :* celle par laquelle un numéro immatricule serait affecté à tout individu au moment de la naissance, pour la population future et au moment de la première immatricule pour la population actuelle , laquelle renvoie à la feuille d'immatricule départementale.

Par exception, et seulement pour la feuille d'immatricule personnelle, les numéros impairs seuls sont employés pour indiquer le sexe masculin, et les numéros pairs pour indiquer le sexe féminin.

Ainsi *Augustus* (137) est un homme,

Et *Augusta* (138) est une femme.

De manière que pendant cent ans, en France, il n'y aurait pas deux personnes portant le même nom et le même numéro; en subdivisant les séries de telle sorte, que le numéro *un* soit employé la première année, et que l'on ne dépasse le n° 9999 , la centième année.

Immatricule *départementale*, par laquelle tout individu habitant la France ou ses colonies serait inscrit sur la liste de son département de naissance, y aurait *une case* à laquelle seraient rapportés tous les premiers numéros de ceux sous lesquels il figurerait sur les autres listes.

Immatricule de l'*état civil*, où l'on inscrirait la naissance, le mariage et le décès de l'individu, ainsi que la naissance de ses enfants.

Immatricule du *domicile*, où chaque domicile de l'individu serait mentionné.

Immatricule *électorale*, où l'on inscrirait chaque jour les citoyens suivant l'accomplissement des faits, sans demander aux électeurs aucune démarche, aucune justification ; sans pouvoir faire une inscription ni un retranchement contraires à la loi, conséquemment sans distinction d'opinion.

Immatricule *de la garde nationale* donnée immédiatement après l'immatricule personnelle des citoyens, alors majeurs, ou au moment où ils atteignent leur vingtième année, mettant dans l'impossibilité de se soustraire à ce service par caprice ou autrement.

Immatricule des *contribuables*, où seraient inscrits tous les citoyens payant un impôt direct, dans quelque commune que ce soit.

Immatricule *immobilière*, sur laquelle seraient portés toutes les mutations et tous les démembrements de la propriété, ainsi que les servitudes, les baux, les constitutions d'usufruit, etc.

Immatricule *hypothécaire*, où l'on inscrirait toutes les causes d'*hypothèques légales*, les tutelles, les contrats de mariage, les séparations de biens et de corps, les interdictions, etc.

Immatricule *commerciale*, où l'on inscrirait la patente, la faillite, le concordat, la réhabilitation, etc., de tout commerçant.

Immatricule *administrative*, présentant toutes les nominations à des fonctions publiques, les avancements, les révocations et les démissions.

Immatricule *judiciaire*, où seraient portées, jour par jour, les condamnations à des peines quelconques.

Immatricule des *indigents* et des *vagabonds*, où seraient inscrits ceux qui sont à la charge de l'assistance publique, et ceux qui n'ont ni feu ni lieu.

Immatricule *scientifique*, où seraient portées toutes les personnes qui appartiennent aux corps savants, académies, ou même qui s'occupent de science.

Immatricule *honorifique*, sur laquelle seraient inscrits les citoyens décorés ou porteurs de médailles d'honneur.

Immatricule *ecclésiastique* ou religieuse, où seraient inscrits les prêtres et les fonctionnaires rétribués de tous les cultes reconnus.

Immatricule *militaire*.

Immatricule *maritime*.

« Tout fait de l'homme constaté par un *acte écrit*, pourvu qu'il soit enregistré ou répertorié ; tout *procès-verbal* ou *arrêté*, etc., pourvu qu'il soit répertorié, PEUVENT donner lieu à l'immatriculation, dit M. Hébert ; le gouvernement seul, ou le législateur, déterminera : 1° ce qui sera immatriculé et ce qui ne le sera pas : 2° à qui les listes immatricules seront adressées ; 3° à quelles conditions sera soumise la communication de ces listes.

« En effet : que présentons-nous ? ajoute-t-il plus loin ; un vaste cadre dans lequel le législateur fera inscrire ce qu'il croira nécessaire d'être inscrit, ni plus, ni moins. »

Ainsi donc tout fait qui *devra* être immatriculé, le sera sur sa feuille immatricule *spéciale* à laquelle on arrivera, à l'aide d'un numéro de report, par la feuille immatricule départementale de naissance ; cette dernière feuille étant le *répertoire* de toutes les autres feuilles d'immatricule.

Procédons à l'immatriculation *succinctement*, et non comme le fait l'auteur, qui, chemin faisant, réfute une à une les objections qui pourraient lui être adressées en expliquant le *comment* et le *pourquoi* de ses opérations.

L'immatriculation se fait à l'aide de feuilles de même format, lignées et tracées à l'avance, portant des cases en blanc avec des numéros imprimés selon le format du papier et des colonnes perpendiculaires, à en-tête également imprimés. Ces feuilles réunies forment un registre à peu près semblable à ceux employés dans le commerce pour l'entrée et la sortie des billets.

De l'immatricule personnelle.

A l'aide de bulletins relevés pendant vingt-cinq ans, on sait dans quelle proportion les noms existent ; on sait, en calculant la production de la génération à trois et demi pour cent, s'il faut monter une feuille immatricule sur les trois, quatre ou cinq premières lettres du nom, ou même sur le nom entier.

Ainsi, en prenant la feuille *Dura*, affectée aux *Durand*, *Duramé*, *Durancourt*, etc., on trouve la case 55 pleine, on porte à celle suivante.

« *Case* 55. DURAND (Georges), fils de Louis « et de dame MANOURY, né à Duclair (Seine- « Inférieure), le 15 janvier 1852 »

Puis on portera à la case suivante 57, *Durand* (Louis), etc.; à celle 59, *Durand* (Nicolas), etc.

Il suffira d'établir une plus ou moins grande division des noms, pour connaître le chiffre probable auquel on arrivera en cent ans, et l'on sera alors certain de ne jamais atteindre cinq chiffres, ou 10,000.

N'est-il pas matériellement vrai, exact et incontestable que si, pendant *cent ans*, on inscrit toujours les *Durand* à la suite l'un de l'autre sur le même registre, en continuant la série de numéros, il n'y aura pas, en cent ans, d'autre *Durand* (55) que celui prénommé Georges, fils de Louis et de dame Manoury.

De sorte que Durand (55) sera *spécialisé* d'une manière aussi exacte que Louis XIV.

De sorte qu'en prenant ces nom et nombre Durand (55) pour tête de colonne (ou le premier de sa famille), pour folio si l'on veut du GRAND-LIVRE, sur lequel on rapportera tout ce qui concernera Durand (55), on aura toute la vie de cet individu exacte et complète.

Nous pensons avoir démontré que jamais notre Durand (55) ne pourra être confondu avec un autre Durand du même siècle, ni même d'un autre siècle, en y joignant le millésime. Exemple : Durand (19 : 55), c'est-à-dire Durand (19ᵉ siècle, nᵒ 55).

Ce que nous venons d'exposer constitue l'immatricule personnelle; dont la feuille, revue avec le plus grand soin, forme une seule liste manuscrite tenue en double à Paris.

De la feuille départementale.

La feuille départementale de naissance, nous le répétons, est la plus importante de toutes, puisqu'elle sert de pivot ou de répertoire à toutes les autres : *personnelle*, de l'*état civil*, de *domicile*, *hypothécaire*, *commerciale*, *judiciaire*, etc., etc.; le système de M. Hébert n'étant à proprement parler, il le dit lui-même, que la formation d'une table ou d'un répertoire de tous les actes civils, judiciaires, administratifs, notariés, etc.

On arrive à connaître cette feuille par le numéro de la feuille personnelle, dont on obtient le numéro en indiquant les noms paternel et maternel de l'individu.

Comment procède-t-on à l'immatricule départementale?

Pour cette immatricule seule, il y a une exception.

On formera cette liste de deux manières :

D'abord, par un mode d'immatriculation sur une liste, qui se tiendra au jour le jour, à Paris, dans les préfectures, les sous-préfectures et les villes principales.

Et, par un autre mode d'immatriculation, sur une liste qui sera, comme toutes les feuilles d'immatricule, *imprimée à Paris et envoyée dans les départements.*

Dans tous les cas, il est formé un registre contenant une série de numéros imprimés à l'avance, divisé par cases, monté sur les premières lettres du nom.

Exemple : à la feuille *Dur*, ou *Dura*, l'on trouve, supposons, la 17ᵉ case remplie, c'est-à-dire que 17 individus, dont les noms commencent par *Dura*, sont déjà inscrits dans le département, on écrit alors dans la case suivante :

« *Case* 18. DURAND (55). Georges, fils de « Jacques et de Louise Manoury, né à Du- « clair, le 15 janvier 1852. »

Et l'on reporte sur la feuille immatricule personnelle :

« 55. *Durand* (Georges). Voir immatri- « cule départementale de la Seine-Infé- « rieure, nᵒ 18. »

Comme nous l'avons dit, c'est sur cette feuille d'immatricule départementale, de naissance ; dans l'espèce, sur la feuille de la Seine-Inférieure, à la case 18, que seront reportés *tous* les premiers numéros d'ordre des autres feuilles immatricules dans lesquelles il sera question de Durand (55) Georges.

On opèrera à peu près ainsi, mais dans une colonne à ce destinée :

Immatricule *personnelle*, Durand, 55
Immatricule *départementale* Durand, 18
Immatricule de l'*état civil*, Durand, 13
Immatricule de *domicile*, Durand, 6
Immatricule des *contribuables*, Durand, 10
Ici, les listes d'immatricule départementale jouent le même rôle que les comptes ouverts dans les diverses administrations. — Chaque folio de ces divers comptes serait connu et inscrit au compte ouvert à l'arrondissement *de naissance*. Chaque inscription sur la liste immatricule d'un département serait mentionnée sur la liste du département *natal*, de sorte que l'on connaîtrait tous les faits portés sur les listes de chaque département où le fait aura eu lieu, par le premier numéro de chacune de ces listes porté sur la liste du département de naissance nce de Durand (55), par exemple. Quant aux faits concernant le même Durand, qui arriveraient dans un autre département, ils donneraient lieu à l'inscription sur la liste immatricule de ce département, et le numéro de cette immatricule dans un département non natal, serait reporté sur celle du département de naissance.

Immatricule de l'état civil.

Un registre est établi à Paris pour chaque département, sous le titre d'immatricule de l'état civil.

Dans l'espèce que nous supposons, le registre portera la mention suivante :

« *Case* 13, *Durand* (55) (Georges), fils de
« Jacques et de Louise Manoury, né à Du-
« clair le 15 janvier 1852. Voir *Imm. dé-
« part.* Seine-Inférieure, n° 18. »

Et sur la feuille immatricule départementale de naissance, celle de la Seine-Inférieure, on inscrira à la suite de la case 18 :

« Voir *Imm. Etat civil* n° 13. »

Immatricule de domicile.

Un registre est pareillement établi à Paris pour chaque département, sous le titre d'immatricule de domicile.

Le registre de la Seine-Inférieure, arrondissement de Rouen, canton de Duclair, portera la mention suivante :

« *Case* 6. Durand (55) (Georges), etc.,
« domicilié de droit chez Durand (19 : 35),
« son père, à Duclair. »

Ceci constituerait l'immatricule de domicile de Durand (55).

Indépendamment de cette liste immatricule de domicile dressée à Paris, et dont des exemplaires seraient, comme de toutes autres, adressées à divers fonctionnaires publics, ainsi qu'il est déjà dit, il serait en outre dressé d'autres feuilles immatricules de domicile par arrondissement, par canton et par commune, par les soins de l'administration départementale.

Observations. — Tant qu'il n'existera pas d'acte concernant Durand (55) Georges personnellement, rien ne sera ajouté à ces immatricules.

Mais, à l'avenir, voudrait-on constater qu'il a été vacciné? il suffira d'établir une feuille immatricule de vaccination, et d'y porter :

« *Case* 8. Durand (55) Georges, a été
« vacciné à..... le..... par..... Voir certifi-
« cat, — dossier n°.... »

Entre-t-il dans un lycée, il figure sur la feuille immatricule classique. — Devient-il ouvrier, on lui donne un livret après l'avoir immatriculé sur la feuille des artisans.

S'il est appelé par le recrutement; s'il se marie; s'il entreprend le commerce; s'il reçoit une patente; s'il lui est ouvert un compte dans une conservation hypothécaire; s'il recueille une succession; s'il achète un immeuble; s'il le revend; s'il a un ou plusieurs enfants, etc.. dans ces cas, il figure toujours au nom de *Durand* (55), et prend un numéro d'ordre sur la feuille spéciale à chacun de ces faits.

Avant d'immatriculer personnellement le *fils*, on forme, s'il se peut, l'immatricule du *père*, de la *mère* surtout, car le nom de la mère présente l'un des meilleurs renseignements que l'on puisse donner, et implique d'ailleurs moins de confusion.

Centralisation des feuilles immatricules. — Inscription publique. — C'est ici le lieu de parler de l'administration de l'inscription publique, qui serait établie à Paris par les soins du ministre de l'intérieur.

Cette administration serait composée d'autant de bureaux qu'il aurait été établi d'espèces de feuilles immatricules : *personnelle*, de l'*état civil, déparemtentale*, etc., etc.; plus de deux autres bureaux, l'un servant à l'en-

registrement des pièces, l'autre dit : Bureau des *chiffres-lettres.*

Aussitôt que les diverses feuilles immatriculées auront été contrôlées, vérifiées, et uniformisées avec le plus grand soin par l'administration de l'inscription publique, elles seront imprimées sous les auspices de la même administration, à l'imprimerie nationale, puis envoyées en nombre suffisant dans les départements de la *naissance*, du *fait*, du *domicile* de l'individu et de la *situation de l'immeuble* qui forment avec le *nom propre* les cinq éléments de l'immatriculation.

RENSEIGNEMENTS FACILES ET COMPLETS.—Ces feuilles formeraient aussitôt dans chaque administration qui les recevrait des registres qui seraient journellement consultés par les administrateurs ; elles simplifieraient et accéléreraient de beaucoup les enquêtes et les recherches, aujourd'hui si compliquées, qui ont lieu pour connaître la moralité d'une personne et sa position sociale.

Et l'on voit comment, à l'aide des mêmes feuilles, il serait facile d'obtenir des renseignements particuliers et spéciaux par l'intermédiaire des chefs de chaque administration spéciale, tels que les préfets et sous-préfets, les juges de paix, les maires des grandes villes et des cantons, les chefs des parquets, les greffiers, les secrétaires des chambres des notaires, des avoués et des huissiers ; les directeurs, inspecteurs et vérificateurs de l'Enregistrement et des contributions directes ; elles mettraient également chaque conservateur à même de délivrer des extraits de tous les actes judiciaires et administratifs, civils et notariés concernant tout individu et tels que ces extraits seraient écrits sur les feuilles immatricules.

Il semble à M. Hébert qu'en fixant à 1 fr. le prix de chaque certificat, sans aucun autre droit que celui de timbre, on mettrait immédiatement l'institution à la portée de tout le monde. Il pense qu'alors, loin d'être une charge pour le trésor, l'immatriculation récupérerait bien vite les frais déboursés pour son installation.

Si, par exemple, le renseignement à demander rentrait dans la catégorie des faits que la loi a voulu tenir secrets, sauf certains cas prévus tels que faits honteux et affligeants pour l'humanité, mais dont le Gouvernement doit garder le souvenir pour tâcher d'en faire diminuer le nombre à l'avenir et d'en préserver les générations futures, il faudrait alors adresser une demande motivée au sous-préfet. Si cette pétition était accueillie, le sous-préfet, qui est dépositaire de la feuille départementale de la naissance, indicative du numéro de toutes les autres immatricules, indiquerait les diverses autorités qui posséderaient ces renseignements et les volume et numéro du compte ouvert par chacune de ces autorités, lesquelles, *toutefois dans les limites de la loi et des instructions ministérielles,* communiqueraient les comptes et fourniraient les renseignements demandés.

Chacun pourrait ainsi, en suivant ces formalités, obtenir pareil relevé de ses propres actes et prouver ce *qu'il a été,* ce *qu'il est,* ce *qu'il possède* ; tandis qu'aujourd'hui, il n'est pas un homme en France qui puisse prouver que sa personne est libre, que ses biens ne sont pas aliénés, que son honneur n'a reçu aucune atteinte.

On le voit, il suffirait de connaître le nom et le numéro d'immatricule personnelle de tout individu pour trouver son département natal et son numéro d'immatricule départementale. — Ce numéro d'immatricule personnelle s'obtiendrait à Paris, à l'aide du nom de famille et du nom maternel ou conjugal.—Ce numéro serait, d'ailleurs, au fur et à mesure de chaque immatriculation, indiqué sur les listes des habitants, — sur les contrôles de la garde nationale, — sur les états de contribution, —sur les livrets,—sur les listes électorales, et généralement sur tous les actes de l'état civil, et sur ceux administratifs.

Mais il faut bien le dire, le pouvoir administratif rencontre ici un obstacle : on ne pourra obtenir la mention obligatoire de ce numéro sur les actes des officiers ministériels qu'autant qu'une loi l'aura prescrite.

COMITÉ CANTONAL DE SURVEILLANCE DE L'IMMATRICULATION.—Un comité cantonal, prévu par le système a pour mission de surveiller dans chaque chef-lieu de canton, près des municipalités, les opérations relatives à l'immatriculation. Le comité serait composé du juge de paix (président) et de quatre ou six citoyens notables pris parmi les membres des conseils généraux d'arrondissement ou même les notaires, tous domiciliés dans la circonscription. Chacun des membres du comité cantonal aurait l'inspection d'un certain nombre de communes. Ils pourraient en même temps, sinon faire les travaux de recensement, établis jusqu'ici avec tant de négligence, du moins en régulariser les opérations.

COMPTABILITÉ DU SYSTÈME. — Nous ajouterons que l'auteur a établi la comptabilité de son système à l'aide d'un *Livre-journal* d'entrée et de sortie servant à inscrire le mouvement des pièces ; plus, d'un répertoire alphabétique servant de table et où viennent se fondre, avec le numéro du dossier des pièces, les différentes combinaisons de *chiffres-lettres* qui servent au classement général des noms.

OBJECTIONS SUR LA RAPIDITÉ DES OPÉRATIONS DE L'IMMATRICULATION. — Voici, à peu près, sauf quelques opérations de détail fort ingénieuses et touchant le mécanisme et la vérification permanente du système, telles que : formation d'un alphabet paginal à l'effet d'abréger la recherche des noms propres, — établissement d'une classification alphabétique suivie d'un tableau de chiffres-lettres servant à multiplier à l'infini les vingt six lettres de notre alphabet par une adjonction de chiffres d'après la règle du calcul décimal pour obvier au double inconvénient si grave et si fréquent dans notre langue, de cette multitude de noms propres semblables d'*orthographe* ou de *consonnance*, enfin la création de feuilles intercallaires et de colonnes de renvoi dans la prévision de nécessités inconnues....., voici à peu près, dis-je, comment M. Hébert résout le double problème de l'immatriculation générale et de la réunion sur un centre unique de tous les renseignements : 1° *Etablissement à Paris*, à l'administration de l'inscription publique, pour plus de régularité, de célérité et d'unité, des diverses feuilles immatricules, ainsi que nous l'avons indiqué ; 2° concentration sur l'une de ces feuilles, celle de l'*immatricule départementale de naissance* de chacun des premiers numéros qui spécialisent les autres feuilles immatricules *personnelle*, de l'*état civil*, etc.

Nous avons exposé plus haut les diverses objections faites sous le point de vue moral au principe sur lequel repose l'immatricula-

tion générale, et nous avons juxta-posé la plupart du temps ou les réfutations de M. Hébert lui-même, ou les nôtres propres. Nous aurions bien voulu aussi pouvoir vous apporter le résultat de notre examen critique sur le fonctionnement de la méthode, mais le moyen, dans un rapport d'une si grande étendue déjà, d'aborder la démonstration sèche et aride des rouages que l'on ne peut encore appuyer sur les démonstrations de la pratique, malgré les vives instances de l'auteur qui demande vainement depuis plusieurs années à tous et à chacun de nos ministres « un coin dans un bureau, deux rames de papier tracé, deux commis pour recopier ses tableaux, formules, instructions, etc.; en deux mois, dit-il, la certitude de la possibilité de la mise en pratique de mon système sera obtenue, et je serai prêt à répondre à telles questions qui pourraient m'être adressées. »

Dans cette situation, nous nous bornerons à déclarer que d'une étude aussi patiente, aussi approfondie qu'il a été donné à nos facultés de la pouvoir faire, *à priori*, nous pensons que le système de l'immatriculation générale des personnes, des immeubles et des titres de M. J.-B. Hébert, loin d'être impraticable, offre au contraire beaucoup plus de facilité, de certitude surtout au point de vue administratif, que l'organisation de telles autres administrations actuellement établies et parmi lesquelles nous pourrions citer le cadastre, les hypothèques elles-mêmes, l'état civil *déclaré impossible* dès son début

Maintenant, qu'il nous soit permis de faire remarquer à M. Hébert que son point *unique* de centralisation, si nous l'avons bien compris, se divise en *cent* listes d'immatricules départementales qui, elles-mêmes, renvoient par un chiffre pour telle ou telle date, tel ou tel acte de la vie à la feuille immatricule spéciale. Sans doute, à l'aide des ingénieuses combinaisons de sa méthode, cela est facile et demande peu de temps, mais nous sommes-là, toutefois, il en conviendra, loin de compte avec le « moyen prompt comme la vapeur » dont il parle page 5 de sa quatrième livraison. Quant au « bilan complet de la vie d'un citoyen, » (page 4 du même volume) s'il ne se rencontre pas non plus tout prêt, nous avouerons à notre tour que nous trouvons dans les feuilles départementales tous les éléments nécessaires pour le dresser d'une « façon infaillible. »

Nous savons bien que l'auteur va nous rappeler que, page 11 de la même livraison, il n'a jamais eu l'intention de demander la constatation *sur un seul et même registre*, de tout ce qui concerne la vie civile, administrative, politique, militaire, ecclésiastiques, judiciaire ou commerciale d'un individu, mais seulement la détermination d'un lieu *fixe* où chaque administration apporterait sa quote-part de renseignements, et où chacun trouverait la clef de tous les documents nécessaires. »

Mais alors, pourquoi nous avoir mis à plusieurs reprises l'eau à la bouche? Que cela ne soit pas *possible* dès le début, soit; mais *impossible* n'est pas *français*: s'il reste donc quelque grand obstacle encore à vaincre, eh bien! qu'on se mette à l'œuvre, on en triomphera..... les lignes suivantes de M. Hébert nous en donnent le fervent espoir. « Evidemment de pareilles archives, faciles à consulter seraient un monument public qui n'aurait jamais eu son pareil, et qui fournirait des renseignements infaillibles sur tous les habitants de la France. Ces archives renvoyées dans un local spécial répondraient à chaque interpellation qui leur serait faite; ce serait en quelque sorte toute la population enrégimentée, réunie sur un seul point du pays, et répondant individuellement à tout appel. »

DIVERS OUVRAGES DE **M. HÉBERT.**—M. Hébert ne s'est pas contenté d'écrire l'exposition complète de son système d'immatriculation; il a en outre publié nombre de volumes, brochures et opuscules divers (1) parmi lesquels figurent au premier rang:

(1) HYPOTHÈQUES. — De quelques Modifications à apporter au *Régime Hypothécaire*. 1841.

Mémoire adressé à la Commission *Hypothécaire*. 1847.

SYSTÈME GÉNÉRAL D'IMMATRICULATION.

1re LIVRAISON. — Exposé du système d'Immatriculation par *Lis es cantonales*. — 1848.

2e LIVRAISON. — Des Hypothèques *Légales*. — 1845,

3e LIVRAISON. — Moralisation du *Remplacement* militaire. — 1846.

4e LIVRAISON. — Exposé *complet* du Système d'Immatriculation par *Une seule Liste* pour toute la France. — 1847.

La *Réforme administrative*, la *Réforme hypothécaire* et l'essai sur la formation d'un *Catalogue* général des livres et manuscrits existant en France.

RÉFORME ADMINISTRATIVE.—Dans la *Réforme administrative*, l'auteur s'est proposé de démontrer qu'à l'aide de l'immatriculation, il serait facile d'arriver à faire cesser les abus, les fraudes, le cumul des places, les sinécures, enfin les différences choquantes qui existent entre tels et tels emplois et le reste. Prenant à partie les divers ministères, il signale, en quelque sorte, pièce en main, à chacun d'eux quelles erreurs l'immatriculation empêcherait.

Au ministère des affaires étrangères, il rappelle que l'immatriculation ne doit point être nouvelle pour lui, car elle est employée avec avantage par nos consuls à l'égard de tous nos nationaux résidant à l'étranger.

Au ministère de la guerre, il oppose la déplorable affaire *Benier* qui n'eût point été possible si, suivant son système, les visas à porter au registre constatant l'entrée et la sortie des grains et fourrages, eussent été reliés par un numéro d'ordre que les attributions d'un employé auraient forcé de relever exactement, contrôlé qu'il eût été luimême par un inspecteur, puisque dans l'immatriculation tout s'enchaîne et laisse trace. Au lieu de soixante visas, le sous-intendant militaire en avait signé trois ou quatre seulement.

5e LIVRAISON. — Essai sur la Formation d'un *Catalogue* général des Livres et Manuscrits existant en France.—1848.

6e LIVRAISON. — La Réforme administrative, — ou la *Sincérité du Budget* établie par l'Immatriculation. — 1849.

Réforme Administrative. — Lettre *Snr l'Immatriculation* adressée aux Ministres de la République. —Juin 1849.

SUJETS DIVERS.

Défense du *Régime Dotal*. — 1842.

Projet de *Cautionnement* Hypothécaire national. — 1848.

De l'Impôt sur les *Créances Hypothécaires* et de l'Income-Tax. — 1848.

Prêt *Hypothécaire* National. — 1848.

Quelques Mots sur l'*Aboilition de la Conscription* et du Remplacement militaire. — 1848.

Observations relatives au projet de loi sur le *Recrutement et la Réserve de l'Armée*.—1849.

Le ministère de l'intérieur est celui qui profiterait le plus incontestablement de la méthode. En effet, que l'on songe qu'il a dans ses attributions le dénombrement quinquennal de la population, et que c'est sur les chiffres qui sont fournis à ce ministère, sans contrôle véritable, sur les rapports si suspects des recenseurs, que sont fixés le nombre des représentants, des conseillers, des maires et adjoints, et surtout la quotité des impôts des portes et fenêtres, des boissons! Au ministère de l'intérieur, sont encore dévolus le règlement des budgets départementaux, les impositions extraordinaires, etc. Il a sous sa surveillance les hospices, les prisons, les enfants trouvés, les mendiants, etc. C'est lui qui dispose des subventions affectées aux lettres et aux arts. Que d'administrations dans lesquelles un contrôle sévère rassurerait l'opinion publique, alarmée par tant de récriminations, hélas! si souvent justifiées!

Et pour indiquer à la fois un abus bien connu de tous et son redressement,—combien, depuis la fondation de la République, de listes électorales ont été dressées : en mars 1848, une première liste pour nommer les membres de l'Assemblée constituante contenant 9,000,000 de noms; en décembre de la même année, une seconde liste de 9,000,000 d'électeurs, également, pour nommer trois représentants; en mai 1849, une troisième liste fournissant le même chiffre pour l'élection de l'Assemblée législative,— soit 27 millions de noms! Depuis la loi du 31 mai, toutes ces listes ont de nouveau été remaniées sous prétexte de corrections. Ne se souvient-on pas de toutes les absurdités, de toutes les défectuosités relevées comme à l'envi par les journaux de toutes les couleurs?

A ces listes, si l'on ajoute celles de la garde nationale, faites et refaites, celles des jurés, des prud'hommes, celles des électeurs pour les conseillers de département, d'arrondissement et communaux, on trouvera facilement un nombre au moins de dix millions d'inscriptions; ce qui formerait un total de quarante-sept millions de noms environ pour toutes ces listes, et la population *votante*, d'après les chiffres les plus exagérés, n'arrive pas à 10,000,000!

Et tout ce travail, si coûteux, si difficultueux, si utile, n'est pas exact, n'est pas méthodique. — Toutes ces listes ne peuvent servir que de matériaux pour la formation de nouvelles listes à établir *à chaque élection*, nouvelles listes qui ne seront pas plus exactes, plus complètes que les anciennes.

Cependant chaque jour l'administration fait des immatriculations partielles, chaque jour elle est obligée d'en faire de nouvelles, au fur et à mesure que les principes républicains se développent.

Tous les trois ans, en France, il va falloir dresser la liste de 9,000,000 d'électeurs, — et chaque année, celle de

1,000,000 naissances.
1,000,000 décès.
  250,000 mariages.
   50,000 contrats de mariage.
  300,000 ouvertures de succession.
1,200,000 ventes d'immeubles.
  300,000 conscrits.
  300,000 employés de l'Etat, etc., etc.

———————————

13,400,000 total : treize millions quatre cent mille inscriptions.

Malheureusement, l'on est forcé de le reconnaître, toutes ces listes sont et seront *sans aucun lien entre elles*. Eparpillées dans chaque administration, dans chaque division des administrations, elles sont loin de produire les enseignements qu'elles devraient donner.

Nous avons prononcé plus haut le mot de : *Suffrage universel*; nous y revenons un instant, parce que cette grande formule appelle surtout l'immatriculation. Semblable à ces métaux précieux enfouis dans l'humble enveloppe de quelques minéraux obscurs et qui n'acquièrent leur valeur qu'après avoir passé par le creuset de la science, le suffrage universel ne pouvait prétendre à une existence immédiate, à une application incontestée — et cependant il a prouvé qu'il pouvait *être*. — La première *épreuve* qu'il vient de traverser sera son baptême; il est désormais inséparable de tous nos rêves d'avenir.—Il brisera le creuset trop étroit dans lequel la prudence a cru le purifier et sera rangé avant peu, par le gouvernement lui-même au nombre des droits inaliénables du citoyen pour lequel il réalisera pacifiquement et fraternellement le symbole de l'égalité civile.

Mais c'est surtout le ministère des finances qui a le plus particulièrement exercé la patience sagace de M. Hébert. Le budget, cet effroyable dédale de chiffres, — il en a entrepris la vérification et la critique. Bien plus, il a décomposé et récompensé un de ses chapitres pour le soumettre à la pierre de touche de l'immatriculation et poser les règles sur lesquelles, selon lui, il devrait être établi. Chose étrange ! on remarque en suivant M. Hébert à travers ces formidables colonnes de chiffres, au milieu desquelles se cachent tous les ans tant de cumuls et tant de sinécures, que le temps s'écoule avec moins d'ennui et de fatigue qu'on aurait pu le croire. On demeure complétement édifié aussi sur cette affirmation de M. Hébert, à savoir : que le mal est certainement plus encore dans la confusion du budget que dans l'importance de son chiffre.

Réforme hypothécaire. —La réforme hypothécaire, cette question tant controversée depuis deux ans et surtout actuellement à l'Assemblée nationale et dans la presse, a fourni à M. Hébert l'occasion de travaux fort remarquables que tout le monde a lus vraisemblablement dans le journal *la Presse;* c'est pourquoi nous ne ferons qu'indiquer les vues que M. Hébert a développées dans sa brochure.

On conçoit tout d'abord quel rôle l'immatriculation joue déjà et devra jouer dans le régime hypothécaire : n'est-ce point sur les renseignements fournis à l'aide de ce système que vont s'appuyer désormais les deux *contractants,* puisque l'immatriculation a pour but de vérifier, d'établir, mais d'une façon irréfragable, ce qu'*est* l'individu, ce qu'il *possède,* ce qu'il *a fait,* ce qu'il a *écrit.*

Le savant jurisconsulte Treilhard, orateur du gouvernement dans la discussion du Code civil, titre XVIII, a dit à propos du système hypothécaire :

« *Concilier le crédit le plus étendu avec la plus grande sûreté, voilà le problème à résoudre.*

« *Si les parties connaissaient leur situation respective, l'un n'obtiendrait que ce qu'il mérite, l'autre n'accorderait que ce qu'il peut accorder sans risque; il n'y aurait, de part et d'autre, ni réserve déplacée, ni surprise fâcheuse.*

« Si donc on trouve un moyen d'éclairer chaque citoyen sur l'état véritable de celui avec lequel il traite, il faut s'empresser de le saisir. On aura alors tout ce que désirent, tout ce que peuvent désirer les personnes de bonne foi, *et si la mauvaise foi s'en alarme ce sera une preuve de plus en faveur de la mesure. »*

Cette opinion s'accorde parfaitement avec celle de M. Hébert qui pense que « la question hypothécaire est plutôt une question de mode de publicité qu'une question de législation. » Et, pour rendre son idée plus saisissable, il ajoute que « ce n'est pas tant le texte du Code civil qu'il s'agit de modifier, que la forme et la manutention des tables et des registres hypothécaires. »

M. le président de Robernier, auteur de l'ouvrage si remarquable intitulé : *Preuve de la propriété,* est manifestement de cet avis, dans les lignes suivantes :

« Peut-être la question si vaste et déclarée si difficile, de la réforme hypothécaire n'est-elle, après tout, qu'une question de mécanisme administratif? »

C'est, en conséquence de ces principes, que M. Hébert s'adresse purement et simplement à la publicité pour obtenir la réforme hypothécaire; elle tient large place déjà dans le régime en vigueur, seulement, M. Hébert la rend beaucoup moins onéreuse et beaucoup plus efficace.

Il propose de remplacer d'un coup : 1° la *transcription* (c'est-à-dire la copie littérale et entière du titre) par la tabulation; 2° l'*inscription* (c'est-à-dire le bordereau contenant l'extrait de l'acte et la transcription sur un registre, par ordre de numéro d'ordre, de ce bordereau), par la simple *indication* du titre.

L'indication ne serait considérée que comme une inscription provisoire, laquelle serait connue des tiers par l'obtention d'un certificat hypothécaire, mais qui disparaîtrait si elle n'était pas renouvelée par une inscription conforme aux prescriptions du Code, dans les deux mois de la notification faite par l'acquéreur à la femme, au subrogé tuteur et au procureur de la République.

La *transcription* est jugée par les chiffres suivants :

1,059,441 ventes enregistrées en 1841,
  231,777 seulement ont été transcrites,
  827,664 ne l'ont pas été.

Si du nombre l'on passe à l'importance des actes de vente, on trouve ceci :

Montant des ventes tran-
scrites   865,978,498 fr.
Montant des prix des ven-
tes *non transcrites* pour
une année seulement.. 516,459,992

Total.... 1,382,418,490 fr.

Ainsi, chaque année plus de 800,000 contrats de vente, s'élevant à un chiffre dépassant 500 millions de francs, sont privés du bénéfice de la transcription, quoique les acquéreurs aient payé pour *le droit* de transcription au trésor 8,521,260 fr., parce que ces acquéreurs ont préféré courir certains risques, et ne pas débourser encore 9,931,968 fr. pour obtenir la *formalité*.

De sorte qu'en dix ans une valeur de plus de 5 milliards est transmise irrégulièrement; et attendu que la prescription ne s'acquiert qu'en trente ans, il en résulte que des propriétés d'une valeur de 15 milliards de francs sont irrégulièrement possédées.

Et l'on s'étonne de la multitude de procès !

Quant à l'*inscription*, par suite d'une circulaire de M. Martin (du Nord), alors ministre de la justice, la Cour de cassation, dix-huit cours royales et cinq facultés de droit se sont prononcées pour que l'on en dispensât les actes et M. Valette, l'un des jurisconsultes éminents qui ont discuté la question hypothécaire a constaté l'impossibilité de l'*inscription obligatoire* parce que, dit-il, cette mesure serait une MONSTRUOSITÉ. »

L'*indication* de M. Hébert, au contraire, a été adoptée par la Cour de cassation, la Cour d'appel de Rouen et par de savants jurisconsultes.

Nous n'avons pas à juger la proposition de M. Hébert ; nous l'avons seulement présentée comme une preuve à l'appui de son système d'immatriculation avec lequel elle fait corps, pour ainsi dire.

ESSAI SUR LA FORMATION D'UN CATALOGUE GÉNÉRAL, ETC. — Dans son *Essai sur la formation d'un catalogue des livres et des manuscrits*, M. Hébert, tout en se servant du mécanisme adopté par lui pour son système, expose une théorie que la longueur démesurée de ce rapport ne nous permet plus de discuter, mais que nous ne pouvons résister au désir d'analyser à l'aide des propres définitions de l'auteur.

Mode de division du principe de l'unité ou principe de la circonférence.

« Nous pensons pouvoir établir que toute *idée*, tout *objet* peuvent être *représentés* à l'aide de la division de tout en dix principes figurés par les chiffres 0 à 9. »

« L'unité, selon nous, est d'une part l'objet créé par Dieu, que l'on appelle l'univers, le ciel et ses astres, — la terre, la mer et leurs habitants ; — en un mot, tout ce qui existe physiquement.

« Et d'autre part, l'objet de l'intelligence de l'homme, c'est à-dire la science, — les arts et les belles-lettres.

« Notre *unité* représente donc la création divine et l'intelligence humaine.

« Nous la représentons par le cercle ou le 0 — qui est notre point de départ, et qui se trouve suivi des chiffres 1 à 9. »

Expliquons-nous : 0 représente donc, à nos yeux le NOMBRE, — le chiffre, le calcul, les sommes et tout ce qui s'y rapporte.

1, à nos yeux représente l'HOMME et les autres *êtres animés* et tout ce qui s'y rattache.

2, nous représente le TEMPS et sa subdivision par date, — années, — siècles, — périodes, etc.

3, c'est le LIEU, l'*ensemble* et sa partie, — la terre, l'Europe et les autres divisions du globe, — la mer, les fleuves, le ciel et ses divisions.

4, c'est le FAIT, l'*histoire*, le mouvement, etc.

5 nous indique l'OBJET ou l'être inanimé, la *chose* corporelle ou incorporelle.

6 nous indique l'AME, — l'*esprit*, — la pensée, — l'intelligence.

7 est réservé pour la PAROLE, qui se traduit par l'*écriture*, qui n'est que la parole peinte, — le dessin, — la peinture, — l'imprimerie, — l'architecture, — la sculpture, etc.

8, c'est-à-dire le BIEN ou l'*actif*, — la chose ou l'idée grande, — belle, — juste ; la vertu, — la bonté, — la sagesse, — la morale, etc.

9, c'est le MAL ou le *passif*. — le vice, — la bassesse, — la méchanceté, etc., — la guerre, — la peste, — l'incendie, — les inondations, — les naufrages, — les procès, — la calomnie, — les blessures, — la mort, etc.

A l'aide de ce moyen, plus ingénieux peut-être que sûr, mais qui mérite de fixer l'attention et d'être étudié, l'auteur arrive à traduire cette phrase : « Le navigateur naufragé en 1847, » par ces quatre chiffres 1390, soit : l'être animé (1), navigateur (3), naufragé (9), en 1847 (0).

Nous ne ferons que cette observation empruntée à l'auteur lui-même, à l'occasion du paragraphe des synonymes : à propos des mots *bienfaisance*, *bienveillance* et *bon vouloir*, où le mot bon vouloir ne sera pas *principié*, pour nous servir de ses propres expressions, sous les mêmes chiffres que les mots *bienfaisance* et *bienveillance*, parceque : « *bon* est une qualité qui s'emploie au « physique et au moral et qu'il vaut mieux « alors *principier* le sujet, c'est-à-dire vou « loir. » Voilà, selon nous, des distinctions qui, précisément par leur finesse, embarrasseront l'esprit au lieu de l'élucider.

M. Hébert, au reste, est un esprit primesautier, original et qui ne suit pas les sentiers battus. A coup sûr on ne l'accusera pas de plagiat. Si un problème est posé quelque part, soyez sûr qu'il ne va point chercher à le résoudre par les voies vulgaires ; il n'est point de ceux qui disent : *ce n'est que cela?* M. Hébert appartient au contraire à cette classe d'hommes qui prennent tout au sérieux et ne craignent point le labeur de la pensée pourvu que cela les mène à la logique et à la certitude.

Puisque nous avons parlé de son *catalogue*, qu'il nous soit permis de déplorer, en passant, le chaos immense de nos bibliothèques publiques.

Qui de nous n'a pas eu à se plaindre de l'organisation intérieure de ces établissements? Qui de nous peut se flatter d'avoir *toujours* rencontré dans les bibliothèques publiques ce qu'il venait y chercher à coup sûr? Qui de nous, enfin, n'a pas compris la nécessité de ce *catalogue* définitif et *à jour* pour lequel M. Hébert a inventé son .mécanisme?

Nos bibliothèques sont les plus riches de la terre, mais nous ignorons la valeur réelle de leurs trésors,— et quand un bibliophile intrépide parvient à trouver quelque vieux manuscrit sur leurs planches poudreuses,

il semble vraiment qu'il fait une *découverte*, qu'il ait *inventé* ce manuscrit même.

Ouvrons donc un grand livre au génie de l'homme.

Pour ce qui est de nous, ce n'est pas seulement un *catalogue* général que nous voudrions TENIR ; — nous désirerions voir prendre au gouvernement une plus large initiative, nous voudrions la réalisation d'un projet plus vaste encore, plus en harmonie avec l'immensité de nos richesses littéraires et scientifiques.

Voici donc nos propres idées : nous les lançons au vent de la publicité... Puissent-elles, semences errantes et vagabondes pendant longtemps encore, trouver terre un jour et germer enfin pour l'honneur du pays !

Un *catalogue*, quelque complet qu'il soit, — quelque complet que puisse être (je ne sais quand?) — celui qui est à l'œuvre depuis 1720 !... Un catalogue, dis-je, n'est pas un *livre*. Eh bien! il faut en faire un livre. On a trouvé moyen de *faire* des livres avec la simple définition de tous les *mots* de la langue; on a créé des *dictionnaires* de *mots*, pourquoi ne créerait-on pas des *dictionnaires de livres?* — Mais le terme sacramentel du dictionnaire ne serait pas encore le nôtre.

Nous proposerions, *nous*, à l'administration qui voudrait s'occuper sérieusement de nos bibliothèques et en centupler la valeur, de fonder au plutôt un ANNUAIRE GÉNÉRAL BIBLIOGRAPHIQUE de FRANCE. — Cette création pourrait, au besoin, devenir une spéculation fort importante : en effet, quel est celui de nous qui refuserait l'entrée de sa *bibliothèque* au livre sommaire qui les résumerait toutes ?

Pour le *mécanisme* de cet annuaire monumental on pourrait procéder ainsi : adopter la période décennale pour l'annuaire *général*. — Et, pendant que l'on travaillerait au livre *fondamental*, c'est-à-dire au *premier* qui devrait embrasser l'universalité des bibliothèques publiques, l'administration publierait chaque année l'annuaire bibliographique de l'année qui vient de s'écouler. De cette manière, pas d'encombrement, pas de retard, pas de désordre. Les éléments de dix années viendraient ensuite *s'ajouter* au premier annuaire, et ainsi de suite. On saurait incontestablement avant deux ans la situation exacte de toutes nos bibliothèques, car, chaque chef-lieu de département suivrait l'exemple de la capitale. Ce serait une statistique grandiose et permanente de l'esprit humain.

Il est facile de comprendre les avantages qui résulteraient pour chacun de l'application de cette idée, car au moyen d'une simple division dans les pages de l'Annuaire, on saurait immédiatement *où* trouver le livre que l'on chercherait ; on irait à *coup-sûr* à la bibliothèque indiquée ; on ne serait plus exposé à rencontrer parmi les employés des bibliothèques de pauvres sires aussi peu favorisés par la mémoire que par l'intelligence ; vous pourriez, pour ainsi dire, marcher droit à la case qui contiendrait l'objet de vos études ou de votre curiosité. Nous nous arrêtons, car nous n'avons pas l'intention de développer ici nos idées sur ce projet parfaitement exécutable et d'une logique qu'il sera bien difficile de réfuter. Hâtons-nous d'ajouter que le concours du système d'immatriculation de M. J.-B. Hébert, outre qu'il en faciliterait l'exécution, en ferait un monument impérissable, un monument qui braverait les siècles.

Nous n'avons pas encore fini avec le système de M. Hébert. On a longtemps cherché et l'on n'a pas encore trouvé, que nous sachions, le moyen *infaillible* d'empêcher la falsification des billets de banque et de l'empreinte du timbre national. Les uns ont essayé de fabriquer un papier dit de *sûreté*, d'autres se sont étudiés à produire des types impossibles à contrefaire. M. Hébert est resté, lui, fidèle à ses principes, il s'est adressé aux combinaisons de chiffres et de lettres. Il *assure* avoir réussi, et le succès ne nous étonnerait pas, car son point de départ, est, à notre avis, le seul rationel. Il n'a point publié son procédé, qu'il réserve aux directeurs de la banque de France, et qu'il appelle : *Immatriculation secrète.* — Les résultats qu'il a obtenus, dit-il, sont analogues à ceux obtenus des serrures à *combinaisons personnelles* qui se laissent briser plutôt que de trahir le secret dont il faut leur prouver qu'on sait le premier mot.

CONCLUSIONS.

Nous nous sommes efforcé de présenter d'une façon claire et saisissable le système et la méthode de M. Hébert ; nous considérons l'*immatriculation générale des personnes, des immeubles et des titres,* comme l'un des moyens les plus féconds qui aient été évoqués dans ce temps pour l'établissement de l'ordre véritable dans la société. Des jurisconsultes estimés, des publicistes éminents, ont étudié, discuté et appuyé les résultats probables. M. E. de Girardin s'est en quelque sorte approprié les vues de l'auteur en les faisant passer par la limpidité et les habitudes affirmatives de sa forme saisissante.

Voici encore l'opinion qu'a formulée M. de Robernier.

« L'*immatriculation* est un vaste projet qui « se lie au système d'indication comme le « moyen au but, dont les avantages seraient « immenses, et auquel l'*esprit refuse tout* « *d'abord son adhésion*, par la pensée des « difficultés énormes qu'il semble devoir « rencontrer dans la pratique, mais qu'il « *finit par accepter*, à l'aspect des ingénieu- « ses combinaisons par lesquelles l'auteur « sait écarter les premiers doutes. »

Enfin, vous voulez détruire l'intrigue ; vous ne voulez pas dans nos administrations publiques ou privées, d'hommes indignes de leur appartenir, vous ne voulez pas de sinécures, vous ne voulez pas être éternellement la dupe des chevaliers d'industrie, qui exploitent avec tant de persévérance et de succès toutes nos cités, vous voulez, en un mot, la *vérité* et la *bonne foi* dans toutes les relations, dans tous les rapports — Eh bien, l'immatriculation sagement appliquée, l'immatriculation devenue un *instrument* entre les mains du gouvernement, l'immatriculation discutée par la science et *franchement* PÉSÉE dans ses avantages et dans ses dangers, l'immatriculation porte dans ses flancs cet immense résultat.

L'imprimerie est venue affranchir l'intelligence ; les chemins de fer ont affranchi la matière ; le télégraphe électrique vient d'affranchir la pensée ; il appartient à l'*immatriculation* de nous affranchir des *lenteurs* ou des erreurs *administratives*. La vie, avec ses quatre *éléments* nouveaux, se trouve naturellement *prolongée*. — Nous ferons en un jour ce que nous faisions en un mois. L'horizon humain n'aura plus de bornes.

L'immatriculation, proclamons-le bien haut, n'a rien qui puisse porter ombrage aux puissances de la terre. Loin d'être un *épouvantail*, elle doit au contraire servir de *cléf* de voûte à toutes les autoritéspossibles. encore une fois, l'immatriculation n'est autre chose que la VÉRITÉ ORGANISÉE pour tous, *sans exception* pour personne, et un gouvernement vraiment national ne saurait craindre son *miroir*.

L'immatriculation s'est offerte à la 'monarchie qui l'a dédaignée et laissée à l'écart.

L'immatriculation s'offre aujourd'hui à la République qui fait un peu\ la sourde oreille, mais qui sera bien obligée de lui donner l'hospitalité si elle veut voir parfaitement clair à ses affaires (1).

(1) M. Rouher, garde-des-sceaux, dont l'esprit pratique s'est révélé à la tribune nationale, lors de la discussion de la loi hypothécaire, vient d'adresser aux procureurs généraux une circulaire spéciale, à la date du 6 novembre 1850, pour être mise à exécution à compter du 1er janvier dernier, prescrivant les mesures d'ordre suivantes :

« Il sera établi, au greffe de chaque tribunal civil, « un casier destiné aux renseignements judiciaires.

« Ce casier sera divisé par compartiments, suivant « l'ordre alphabétique.

« Ce casier sera placé dans un lieu non accessible « au public, et autant que possible dans celui où sont « conservés les actes; de l'état civil

« Ce casier sera destiné !à recevoir et'à classer, par « ordre alphabétique, des bulletins constatant, à l'égard « de *tout individu né dans l'arrondissement :*

« A. Tout *jugement* ou arrêt devenu définitif, rendu « contre lui en matière correctionnelle.

« B. Tout *arrêt criminel* rendu contre lui par'la « cour d'assises ou par les tribunaux militaires.

« C. Toute *mesure disciplinaire* dont il aurait pu être « l'objet.

« D. Tout *jugement* déclarant sa faillite, s'il est négociant.

« E. Toute *réhabilitation* qu'il aurait obtenue soit « comme condamné, soit comme failli. »

Qui a motivé cette circulaire ministérielle?

L'accumulation des registres prescrits par l'article 600 du Code d'instruction criminelle, arrivée à un tel point que toute recherche y devient, de l'aveu de M. le garde-des-sceaux, à peu près impossible.

Le suffrage universel, étant la base de nos institutions politiques et judiciaires, ayant singulièrement accru le nombre des citoyens appelés à faire partie du jury; et les dispositionsde l'article 381 du Code d'instruction criminelle qui veut, à *peine de nullité,*

Et maintenant nous appelons, pour revenir à notre première pensée, la publicité de la presse entière sur le système de M. Hébert; qu'on le discute donc enfin! Si vous l'*approuvez*, dites-le! Si vous le *condamnez,* l'auteur respectera votre sentence.

Nous nous adressons à toutes les intelligences, sans enthousiasme, mais aussi sans aveuglement; et, lorsque l'expérience et le génie nous crient LUMIÈRE ! ne souffrons pas que l'ignorance et la routine répondent éternellement et invariablement par le nom de l'*instrument* qui sert à l'éteindre.

Encore quelques mots :

« Le livre de M. Hébert est rempli d'ex-« cellentes idées; il est le fruit d'une lon-« gue expérience des affaires et se recom-« mande puissamment à l'attention des lé-« gislateurs. On ne saurait trop encourager « de pareils travaux qui, sans *profit* et trop « souvent sans gloire pour leurs auteurs, « ne peuvent être inspirés que par un ar-« dent amour du bien public. »

(Conclusions du rapport de M. de Homberg,
à l'Académie des sciences, arts et belles
lettres de Rouen).

Appelons maintenant BENJAMIN CONSTANT à notre secours, et laissons lui calmer l'impatiente ardeur de M J.-B. Hébert par ces éloquentes paroles où d'autres encore que l'auteur du système d'immatriculation générale, peuvent puiser une précieuse consolation : « Le triomphe des idées utiles « n'est jamais qu'une question de date. »

qne tout individu appelé à remplir les fonctions de juré ait *la jouissance de ses droits civils et politiques;* disposition qui est devenue un véritable danger qui menace sans cesse la validité des procédures criminelles, dans l'impossibilité actuelle où se trouve l'autorité de connaître si le juré est apte à remplir cette fonction. — Déjà, dit M. le garde-des-sceaux, la Cour de cassation, saisie de pourvois qui soulevaient des questions d'indignité dans les membres du jury, s'est *émue des désordres* que peut engendrer cet état de choses.

Ainsi, à partir du 1er janvier 1851, chaque individu qui subira une condamnation correctionnelle ou criminelle, verra l'extrait de sa condamnation déposé au greffe de son arrondissement natal.

Que demande de plus M. Hébert? Une liste au lieu de feuilles volantes.

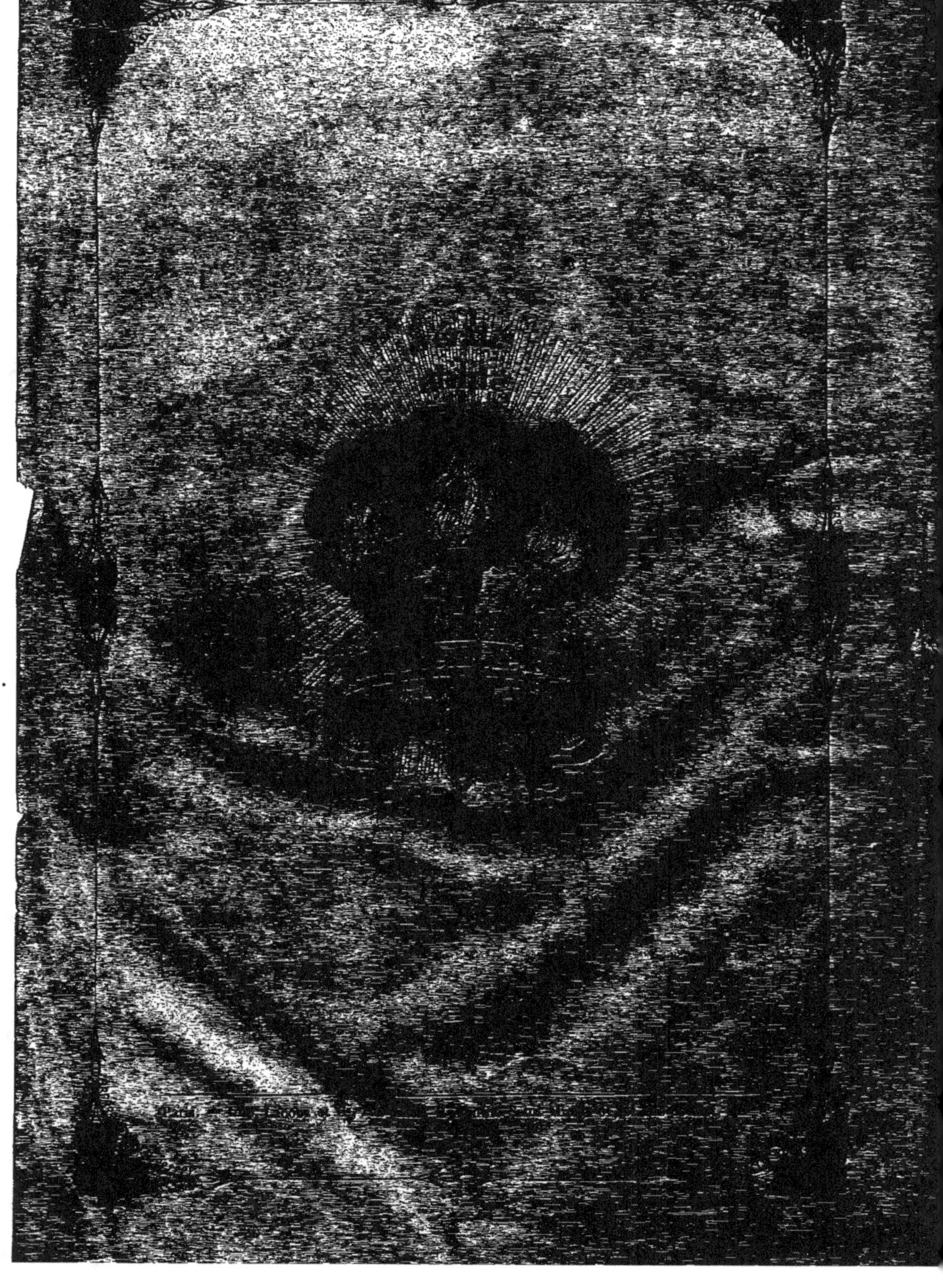